Wal

Mari Emlyn

Argraffiad cyntaf: 2020

Cynllun y clawr: Sion Ilar
Llun y clawr: Chris Iliff

Rhif Llyfr Rhyngwladol: 978 1 78461 845 2

Dymuna'r cyhoeddwyr gydnabod cymorth ariannol
Cyngor Llyfrau Cymru

Cyhoeddwyd ac argraffwyd yng Nghymru
ar bapur o goedwigoedd cynaliadwy gan
Y Lolfa Cyf., Talybont, Ceredigion SY24 5HE
e-bost ylolfa@ylolfa.com
gwefan www.ylolfa.com
ffôn 01970 832 304
ffacs 01970 832 782

Cyflwynir y nofel hon i'r darllenydd
ac i'r sawl sy'n byw drws nesaf

Dyma Siân.

Dyma'r tŷ.

Dyma Siân
yn y tŷ.

---

tŷ

Dyma Siân.

Mae Siân yn eistedd wrth y ffenest.

Mae Siân yn ceisio ysgrifennu
stori.

Mae Siân yn ceisio ysgrifennu
nofel.

Mae Siân yn ceisio ysgrifennu
drama.

Nid yw Siân yn gwybod beth mae
hi'n ceisio ei ysgrifennu.

Mae ysgrifennu'n llyncu amser.

Tic toc.

----
ysgrifennu

Dyma Siân.

Mae hi'n noson dywyll.

Does gan Siân ddim stori heno.

Mae hi'n ddu ar Siân heno.

Mae hi'n ddrycinog heno.

Mae hi'n bwrw glaw yn sobor iawn.

Mae'r storm yn diffodd trydan y tŷ.

Mae'r storm yn diffodd trydan y stryd.

Mae Stryd Brynffynnon wedi diflannu yn y storm.

---

storm

Dyma Siân yn y tywyllwch.

Mae geiriau Siân yn cael eu llyncu
i bot inc du y tywyllwch.
Mae'r tywyllwch wedi llyncu'r ardd
a'r wal tu fas.
Mae popeth yn y tywyllwch yn troi'n
ellyllon,
y pentwr llyfrau'n gaer a lili'r gors
yn driffid.

Mae Siân yn chwilio am rywbeth.
Mae Siân yn chwilio am ddechrau,
canol
a
diwedd.

Waeth iddi hi chwilio am
Lord Lucan ddim!

----
tywyllwch

Mae Siân yn effro i bob sŵn.
Mae Siân yn agor drôr gwichlyd ei desg.
Mae gan Siân dorts yn nrôr ei desg.
Ble mae'r torts?
Dyma'r torts.
Mae Siân yn canfod y torts ymysg hen
ddyddiaduron.
Hen straeon y gorffennol.
Hen ddyheadau'r gorffennol
am yr yfory delfrydol ar orwel pell
y tu hwnt i gyrraedd.
Breuddwydion nas gwireddwyd.
Mae'r gorffennol yn chwarae mig.
Mae'r gorffennol yn cuddio yn y
tywyllwch.
Bi-po!
Ble mae Siân?
Dyma Siân.
Bi-po!

----

gorffennol

Dyma Siân.

Mae Siân am fentro troedio i'r gorffennol.
Y gorffennol pell.
Aeth llawer o ŷd trwy'r felin ers hynny.

Tu ôl i'r dorth mae'r blawd
Tu ôl i'r blawd mae'r felin
Tu ôl i'r felin
Draw ar y bryn
Mae cae o wenith melyn.

Roedd mam Siân yn hoffi Nantlais.
Ond dim gymaint â Crwys.
Roedd mam Siân yn hoffi Crwys yn fawr.
Ond dim gymaint â Duw.
Roedd mam Siân yn hoffi Duw yn fawr iawn.
Cyfrwn ein bendithion.
Ddywedodd Siân erioed wrth ei mam
nad oedd hi'n credu mewn Duw.
Cabledd fyddai hynny.
Mae cabledd yn bechod.
Twt, twt!

Crwys

Dyma Siân.

Mae Siân yn gafael yn y torts.
Mae Siân yn teimlo rhyddhad.
Mae Siân yn teimlo'r torts
a chanfod, fel darllen Braille,
y swits.
Mae Siân yn pwyso'r swits.
Mae Siân yn pwyso'r swits eto.
Nid oes batri yn y torts.
Nid oes achos dathlu.
Na, nid oes Duw.

Duw

Mae Siân yn parhau i eistedd yn ddall wrth y
ffenest.
Mae'r olygfa'n un macwla mud.
Mae'r olygfa'n ailadroddus.
Tywyllwch, tywyllwch, tywyllwch
a
glaw, glaw, glaw,
a
mwy o law
yn gyfeiliant i'r
tywyllwch.

Nid oes golau i'w gael drws nesa chwaith.

Mae Siân yn hel meddyliau.
Mae meddwl yn beth peryg
yn y tywyllwch.
Unig gwmni Siân yw ei meddyliau.
Nid yw'r hel meddyliau'n rhai caredig heno.
Mae meddwl Siân yn troi at ei chymydog.
Mae'n syndod pa gynlluniau sinistr y gall
y meddwl eu consurio mewn pot o inc du.
Mae'n dywyll drws nesa.
Mae'n dawel drws nesa.
Mae'n bwrw glaw yn sobor iawn.

----

drws nesa

Mae'n bwrw glaw y tu fas i dŷ Siân.
Mae'n bwrw glaw y tu fas i dŷ ei chymydog.
Er gwaetha'r storm, nid yw Simon wedi cysylltu â
Siân.
Mae Simon wedi pwdu.
Er gwaetha'r storm, nid yw Siân wedi cysylltu â
Simon.
Mae Siân wedi pwdu.
Ar gownt y wal.
Wal frics.
Wal frics ble bu unwaith fedwen arian hardd.
Wal frics fawr.
Wal frics fawr, hyll.
Wal frics fawr, hyll yn graith rhwng dau dŷ.
Wal frics fawr, hyll yn graith rhwng dau gymydog.
Wal frics ar gownt Babka.
Doedd Siân ddim yn hapus fod Babka'n cachu
ar lwybr ei gardd.
Doedd Simon ddim yn hapus fod Siân ddim yn
hoffi Babka.
Rhaid i bob ci gachu'n rhywle,
meddai Simon.
Ond nid yn fy ngardd i,
meddai Siân.

Cododd Simon wal frics ble bu unwaith
fedwen arian hardd
rhwng dau dŷ.

Ci Canaan yw Babka.
Perthyn cŵn Canaan i lwyth y
Pariah.

Mae Babka wedi ei hyfforddi i warchod ei
lwyth,
i warchod ei
diriogaeth.

----

tiriogaeth

Dyma'r wal.

Ai wal i gadw Babka i mewn neu i gadw Siân
mas?
Mewn neu mas,
mae hi'n wal frics fawr.
Wal frics fawr, hyll.
Wal frics fawr, hyll yn graith rhwng dau dŷ.
Wal frics fawr, hyll yn graith rhwng dau gymydog.

Hyd yn oed yn y tywyllwch, gall Siân deimlo
presenoldeb y wal.
Nid oes cysgod mewn tywyllwch,
ond gall Siân deimlo cysgod y wal heno.

Ni a nhw.

Siân Rhys a Simon Kaltenbach.
Y gwir yn erbyn y byd.
A oes heddwch?
Oes 'na ffwc!
Wff! Wff!
Bow wow!
cyfartha Babka.

----

wal

Dyma Siân.

Mae Siân eisiau mynd ar facebook.
Does dim trydan.
Mae Siân eisiau paned.
Does dim trydan.
Mae Siân eisiau gwres.
Does dim trydan.
Mae Siân yn oer.
Mae Siân yn cofio iddi roi caserol
yn y ffwrn
cyn i'r storm ddiffodd y trydan.
Caserol cyw iâr fel roedd Mam-gu Cenarth yn ei
goginio
amser maith yn ôl.
Roedd Mam-gu Cenarth yn hoffi coginio.
Doedd mam Siân ddim yn hoffi coginio.
Caserol cyw iâr Mam-gu Cenarth.
Blasus iawn!
Ond nid oes trydan heno.
Bydd rhaid i'r caserol aros nes daw'r trydan.
Bydd rhaid i Siân aros am ei swper.
Amynedd, Siân.
Amynedd.

----

amynedd

Does neb arall yma heno.
Doedd neb arall yma neithiwr.
Fydd neb arall yma fory.
Mae Siân ar ei phen ei hun.
Eto.
Mae Siân yn aros o hyd.
Mae Siân yn aros am rywbeth.
Mae Siân yn aros am ysbrydoliaeth.
Mae Siân yn aros am y trydan.
Mae Siân yn aros am y nos.
Mae'r nos a'r dydd yn un.
Mae Siân yn treulio'i nosweithiau'n gwylio ei meddyliau'n
troi a throsi.
Pan ddaw'r bore, mae'n amser paratoi am y noson a ddaw.
Mae Siân yn aros am rywbeth arall.
Ond nid yw'n gwybod beth yw'r rhywbeth arall hwnnw.
Aros am Godot?
Go brin!
Aros am oleuni?
Siŵr braidd.
Efallai daw goleuni yn y tywyllwch.

----

aros

Mae Siân yn cropian i gyfeiriad y cyntedd.
Mae Siân yn canfod y twll dan stâr.
Mae Siân yn agor drws y twll dan stâr.
Mae'r twll dan stâr yn siang-di-fang.
Mae Siân yn clywed oglau annibendod.
Mae Siân yn clywed oglau ddoe.
Mae Siân yn reddfol yn pwyso'r swits golau.
Does dim diben pwyso'r swits golau, Siân!
Dyna groten dwp!
Beth wyt ti, Siân?
Croten dwp.
Mae'r storm wedi diffodd trydan Stryd Brynffynnon.
Wel do, siŵr!
Mae Siân yn ymbalfalu ac yn teimlo ymhlith
hen bethau sydd byth yn cael eu defnyddio
ond yn cael eu cadw rhag ofn.
Dyma hen ddolis salw yn eu gwisgoedd
cenedlaethol.
Dolis ddaeth yn ôl o wledydd Ewrop
yng nghês Antler llwyd tad Siân.
Mae'r dolis salw yn eu gwisgoedd cenedlaethol
yn bentwr trist
ym meddrod siop siafins y twll dan stâr.
Dyma blatiau papur.
Dyma Solitaire, heb y peli bach.
Dyma'r rhaff sgipio.

----

rhaff sgipio

Dyma welingtons.

Dyma ymbarél wedi torri.

Dyma hen gamera Polaroid.

Dyma fagiau plastig.

Bydd Siân yn defnyddio'r bagiau plastig weithiau.

Shh! Peidiwch â dweud.

Mae Siân yn ceisio byw yn wyrdd.

Mae'r blaned yn bwysig i Siân.

Mae angen mwy o Greta Thunbergs ar ein planed.

Mae angen llai o ffiniau ar ein planed.

Ond mae gan Siân gywilydd o'r ffaith fod ganddi hi hylltod o

fagiau plastig

yn y tŷ.

Bagiau plastig.

Ond,

roedd y bagiau plastig yn ddefnyddiol iawn i godi baw Babka

cyn codi'r wal.

Dyma glôb wedi torri'n hanner.

Dau hanner y byd mewn dwy bowlen wag.

Byddai Mam-gu Cenarth yn arfer dweud wrth Siân:

rwyt ti'n werth y byd i gyd yn grwn.

Ond mae'r byd wedi torri heno.

Dyma focs jig-so.

Mae cynnwys y bocs yn gwasgaru ar hyd llawr y

cyntedd.

Mae'r *Great Wall of China* nawr yn naw cant
naw deg naw o ddarnau mân.

Canfu un darn o'r jig-so draed
flynyddoedd yn ôl.

Darn o'r wal.

Mae darn o wal fawr China ar goll.

Mae gweddill y wal ar lawr.

Mae'r wal ar ei ben i lawr.

Cannwyll.

O'r diwedd.

Dyma gannwyll.

Da iawn, Siân!

----

cannwyll

Dyma Siân.

Mae Siân yn wahadden.
Mae'r wahadden yn ymlusgo'n ôl drwy'r
cyntedd
at ei desg gyda'r gannwyll yn ei llaw.
Mae gan Siân fatsis.
Mae'r matsis yn y gwpan Arwisgo ar ei desg.
Mae hi'n agor y bocs.
Mae'r matsis yn syrthio'n gawod ar lawr.
Kerplunk!
Mae Siân yn ymbalfalu am un ohonynt.
Mae Siân yn tanio matsien.
Dyma Siân.
Gwêl rith ei hadlewyrchiad yn y ffenest am
eiliad.
Nid yw'r llun yn ei llonni.
Sut aeth hi mor hen mor sydyn?
Tic toc!
Mae'r gannwyll yn olau.
Mae Siân yn rhoi'r gannwyll yng nghwpan yr
Arwisgo.
Mae Siân yn gwenu wrth feddwl am roi Carlo ar
dân!
Mae yna hudoliaeth fregus mewn cannwyll.

---

tic toc

Dyma Siân.

Hir yw pob ymaros yn enwedig wrth aros am
olau.
Ychydig iawn o olau a deflir gan un gannwyll.
Mae Siân yn gwahodd ddoe i'w phot inc.
Mae Siân am fynd gatre drwy'r tywyllwch
i daflu goleuni ar ei gorffennol.
Mae Siân am fagu plwc.
Mae Siân am fynd am dro drwy'r degawdau
gan drochi bodiau'i thraed yn Lido ddoe
ac ôl y cap nofio blodeuog yn gyhydedd o gylch
ei thalcen.

Cannwyll yn olau
Plant bach yn chwarae.

---

ddoe

Heno,
mae Siân eisiau holi ei mam.
Heno,
mae Siân eisiau atebion
i lawer o gwestiynau.
Mae mam Siân wedi marw ers 1974.
Heno,
mae Siân eisiau holi ei thad.
Heno,
mae Siân eisiau atebion
i lawer o gwestiynau.
Mae tad Siân wedi marw ers 1994.
Heno,
mae Siân eisiau holi ei mam-gu.
Mae Mam-gu Cenarth wedi marw ers 1976.
Mae Anti Rita'n dal yn fyw.
Nid yw Siân ac Anti Rita'n ffrindiau.
Mae Siân eisiau holi ei mam a'i thad a'i mam-gu
am
Gareth.
Gareth, ei brawd bach a fu farw ar ei
enedigaeth yn 1961.
Gareth bach.

Gareth bach

Mae Siân yn ceisio canfod yr ateb
heb wybod yn iawn beth yw'r cwestiwn.

Heno, heno, hen blant bach.
Dime, dime, dime, hen blant bach.

----

heno

Dyma Siân.

Mae Siân yn agor drws ei dychymyg.
Mae Siân yn cyrraedd Cilgant y Deri.
Mae Siân yn gofalu peidio camu ar graciau palmant
y stryd.
Mae Siân yn cyrraedd cartref ei phlentyndod.
Mae Siân yn gweld Mam yng ngardd Afallon, yng
Nghilgant y Deri.

Dyma fam Siân.

Mae Siân yn oedi i wrando ar Mam yn canu geiriau
Crwys.
Mae mam Siân yn dwli ar
Crwys.

Gydag ymyl troetffordd gul
A rannai'r ardd yn ddwy
Roedd gan fy mam ei border bach
O flodau perta'r plwy.

Mae dwylo mam Siân yn fawr yn ei menig garddio.
Fel blaidd mawr drwg yr hugan fach goch.

Pentwr arall; yna gorffwys
Ennyd ar yn ail.

Dyma fam Siân.

Mae mam Siân ar ei chwrcwd yn chwynnu.
Does dim chwyn yn yr ardd.
Mae mam Siân yn ei chwman yn tocio.
Does dim rhosod yn yr ardd.
Mae mam Siân ar ei thraed yn 'sgubo.
Does dim dail i'w 'sgubo yn yr ardd.
Mae mam Siân yn casáu garddio.
Ond rhaid cadw gardd Afallon yn dwt.
Nid fel jyngl y Gallaghers, drws nesa.
Twt, twt!
Rholio llygaid.
Y Gallaghers.
Twt, twt!
Mae Siân yn gweld y carport.
Dyma carport Afallon.

Dyma dad Siân.

Ble mae tad Siân?
Nid yw Ford Zephyr tad Siân o dan y carport heddiw.
Mae tad Siân yn brysur.
Mae tad Siân yn gweithio
ddydd a nos.
Mae tad Siân fel tylluan.
Tw-whit, tw-hw!
Mae tad Siân wedi addo nôl y peiriant *cine* o'r atig.

Mae Siân eisiau cau llenni'r parlwr.
Mae Siân eisiau diffodd y golau.
Mae Siân eisiau swatio yn hafan Old Spice ei thad.
Mae Siân eisiau clywed clic, clic, clic
a sioe y lluniau mud.
Mae Siân eisiau gweld lluniau ddoe.
Falle fory
os bydd hi'n ferch dda.
Rhaid peidio conan.
Falle drennydd
os bydd hi'n ferch dda.
Rhaid peidio conan.
Falle dradwy
os bydd hi'n ferch dda.
Rhaid peidio conan.
Mae Siân yn ferch dda.
Dyw Siân ddim yn conan
heddiw
fory
drennydd na
thradwy.
Ond
mae'r peiriant cine'n dal yn yr atig.
Mae'r cylchoedd lluniau'n cadw eu cyfrinach.
Mae'r cylchoedd lluniau'n hel llwch
yn eu bocsys melyn, asthmatig
yn yr atig.
Mae llenni'r parlwr ar agor.

Mae hafan Old Spice ei thad yn y gwaith.

Dyma fam Siân.

Mae mam Siân yn dal i chwynnu'r chwyn dychmygol.
Mae mam Siân yn dal i docio'r rhosod dychmygol.
Mae mam Siân yn dal i 'sgubo'r dail dychmygol.
Nid yw Ford Zephyr tad Siân o dan y carport
heddiw.
Mae'r carport yn wag eto.
Does gan y Gallaghers ddim carport.
Dyna pam bod eu Ford Cortina nhw'n rhwd i gyd,
meddai tad Siân.
Twt, twt!
Rholio llygaid.
Y Gallaghers!
Twt, twt!
Does dim rhwd ar Triumph Herald mam Siân.
Mae Triumph Herald mam Siân yn gallu troi ar bishyn
whech,
meddai mam Siân.
Mae Siân yn esbonio mai dwy geiniog a hanner yw
pishyn whech nawr.
Mae mam Siân yn chwerthin.
Mae Siân yn mwynhau gweld ei mam yn chwerthin.
Mae Siân yn mwynhau clywed ei mam yn chwerthin.
Nid yw mam Siân yn chwerthin yn aml.
Cyfrwn ein bendithion.

Llusern yw dy air i'm traed,
A llewyrch i'm llwybr.

Mae yna hudoliaeth fregus mewn cannwyll.

Cannwyll yn olau
Plant bach yn chwarae.

Mae'r gannwyll yn denu Siân i gofio.
Cofio'r *three day week*
a'r gegin yn ystafell ddosbarth.
Mae mam Siân yn chwarae bod yn athrawes.
Mae Siân yn chwarae bod yn ddisgybl.
Mae Siân yn dysgu am
Crwys
ac wrth gwrs am
Dduw.

Cyfrwn ein bendithion.
Iesu, cofia'r plant.

Dyma fam Siân.

Mae mam Siân yn cydio mewn menyw fach bres mewn
gwisg Gymreig.
Mae gan y fenyw fach bres, mewn gwisg Gymreig,
gyfrinach
o dan ei sgert.
Shh!
Mae mam Siân yn cydio yn het y fenyw fach bres mewn
gwisg Gymreig
a'i hysgwyd.
Nid yw cyfrinach y fenyw fach bres mewn gwisg
Gymreig yn gyfrinach bellach.
Cloch sy'n cuddio o dan sgert y fenyw fach bres mewn
gwisg Gymreig.
Mae mam Siân yn canu cloch 'amser chwarae'.
Ding a ling a ling.

Dyma dad Siân.

Mae tad Siân yn golchi'r brwshys paent.
Mae tad Siân wedi bod yn peintio
ffens yr ardd.
Mae ffens Afallon yn dwt.
Mae ffens y Gallaghers yn fochaidd.
Twt, twt!
Mae tad Siân yn dweud wrth fam Siân
bod gan bob menyw gyfrinach o dan ei sgert.

Cyfrinach sy'n glychau i gyd.
Shh!
Bi-po!
Mae Siân yn gofyn ai clychau fel clychau
Cantre'r Gwaelod?
Mae tad Siân yn chwerthin
a chwerthin.
Yn morio chwerthin.
Mae mam Siân yn dawel.

Pan dyr y don ar dywod
A tharan yn ei stŵr,
Mae clychau Cantre'r Gwaelod
Yn ddistaw dan y dŵr.

Shh!
Nid yw Siân yn deall.
Mae'r clychau'n ddirgelwch iddi hi.
Mae Siân yn gofyn ai clychau fel clychau Aberdyfi?
Mae tad Siân yn chwerthin
a chwerthin.
Yn morio chwerthin.
Mae mam Siân yn dawel.

Os wyt ti yn bur i mi
Fel rwyf fi yn bur i ti
Mal un, dau, tri, pedwar, pump, chwech,
Meddai clychau Aberdyfi.

Un, dau, tri, pedwar, pump, chwech, saith
Mal un, dau, tri, pedwar, pump, chwech
Meddai clychau Aberdyfi.

Mae mam Siân yn newid y pwnc a dweud fod

Duw yn llond bob lle
Presennol ym mhob man.
Cyfrwn ein bendithion.

Ding a ling a ling.

Amser chwarae.
Mae mam Siân yn estyn am y Silk Cut.
Mae mam Siân yn troi'n ddraig:
Y ddraig goch ddyry gychwyn.
Mae Siân yn gwisgo clogyn brethyn cartref a chap melfed.
Mae Siân yn mynd mas i'r ardd.

Dyma'r ardd.

Mae Siân yn estyn am y rhaff sgipio.
Ond dyw sgipio ar eich pen eich hun ddim yn llawer o hwyl.
Dyw sgipio ddim yn hwyl ar gae tato o lawnt.
Mae Siân yn clymu'r rhaff o gwmpas y dderwen.
Mae Siân yn chwarae bod yn un o'r

Pan's People.
Mae'r rhaff yn rhuban melyn o amgylch
yr hen dderwen.
Mae Siân wedi cael llond bola o fod yn un o'r
Pan's People.

Fe hoffai Siân chwarae lastig.
Ond dyw chwarae lastig ar eich pen eich hun
ddim yn hwyl.
Mae chwarae lastig ar eich pen eich hun
yn amhosib.
Mae si-so yn yr ardd.
Pa sens cael si-so i unig blentyn?
Dyw si-so yn dda i ddim i unig blentyn
unig.

Y siglen amdani.

Dyma'r ardd.

Mae siglen yn yr ardd.
Mae derwen yn yr ardd.
Mae Siân yn ceisio siglo mor uchel â
changhennau uchaf y dderwen.
Ond mae'r dderwen yn dal.
Mae'r dderwen mor hardd.
Mae Siân yn caru'r dderwen.
Mae'r dderwen yn hen.

Roedd y dderwen yn un o nifer o gylch o goed
cyn adeiladu Cilgant y Deri.
Wrth ddadwreiddio'r rheithgor o goed
darganfuwyd hen fwyell.
Bwyell nomad Palaeolithig.
Un o'r arwyddion hynaf erioed o bresenoldeb dyn yng
Nghymru.
(Neu fenyw.)
Anwybyddwyd y protestiadau.
Dadwreiddiwyd y rhodfa o goed
ac eithrio un.
Derwen Afallon.
Cyfaddawd
i gau cegau'r protestwyr.
Cadwyd un dderwen.
Derwen Afallon.
Mae derwen Afallon yn hen iawn.
Ond ddim mor hen â'r fwyell.
Mae Siân yn caru'r dderwen.
Mae'r dderwen yn unig.
Mae'r dderwen wedi colli ei ffrindiau;
ei chymdogion.
Mae'r dderwen ar y cyrion.
Fel Siân.
Mae'r dderwen wrth y ffens.
Y ffens rhwng Afallon a'r Gallaghers.
Mae'r ardd yn jocan bod yn iard ysgol.
Nid yw'r ardd yn llwyddo i fod yn iard ysgol.

Mae'r ardd yn wag.
Mae Siân yn eistedd o dan y dderwen
a'r brigau'n ganopi gwarchodol uwch ei phen.
Dyw amser chwarae ddim yn hwyl ar eich pen eich hunan.
Mae Siân yn edrych dros ffens yr ardd.
Nid oes sôn am blant y Gallaghers.
Ond maen nhw yno.
Rhywle.
Mae Siân yn pipo dros y ffens.
Bi-po!
Fiw i Siân groesi'r ffens.
Ffens.
Ffridd.
Wal.
Clawdd.
Ffin.
Mae bywyd Siân yn un ffin,
yn ffinfa.

Dyma Miss Pritchard.

Mae Siân yn mynd â mesen o ardd Afallon
i'w roi ar y bwrdd natur.
Da iawn Siân.
Mae Siân yn hoffi Miss Pritchard.
Mae Miss Pritchard yn dysgu'r plant am goed.
Mae coed yn hoffi siarad â'i gilydd.
Mae coed yn hoffi helpu ei gilydd.
Mae coed yn anfon maeth o'u gwreiddiau at eu
cymdogion.
Ond does gan dderwen Afallon ddim cymdogion.
Dymchwelwyd rhodfa naturiol y deri
i greu Cilgant y Deri,
i greu tai
a mwy o dai,
i greu hylltod o dai.
Deri yw cartref naturiol y tir,
nid tai a'u
borderi a'u
ffiniau a'u
ffensys.
O diar.
Dyna drueni.

Mae Siân yn hoffi stori'r clawdd
ar brynhawn dydd Gwener.
Mae Siân yn hoffi stori Clawdd Offa gan Miss Pritchard.

Mae Miss Pritchard yn athrawes go iawn.

Nid un 'hware fel mam Siân.

Mae gan Miss Pritchard feiro goch y tu ôl i'w chlust.

Mae gan Miss Pritchard *bell-bottoms* lliw lelog.

Mae Siân am gael *bell-bottoms* lliw lelog rhyw ddiwrnod.

Mae Siân am roi beiro y tu ôl i'w chlust ar ôl mynd gatre.

Mae Siân am chwarae bod yn athrawes mewn *bell-bottoms* lliw lelog.

Mae Siân yn hoffi'r gornel ddarllen.

Pawb i wrando ar stori Miss Pritchard cyn mynd gatre.

Nawr te, blant!

Croesi coesau?

Bys ar wefus?

Pawb yn dawel?

Dyma Mansel druan.

Mae hyd yn oed Mansel druan yn gwrando.

Ond nid yw bys Mansel druan ar ei wefus.

Mae bys Mansel druan yn chwilota yn ei ffroen chwith.

Yn twrio'n ddwfn i'w ffroen chwith.

Mae Mansel druan yn astudio'r sneipen werdd ar ei fys.

Mae Mansel druan yn blasu'r bys.

Mae Mansel druan yn rhoi ei fys ar ei wefus fel pawb arall.

Ond mae Mansel druan yn wahanol i bawb arall.

Mae Mansel druan
ar y cyrion,
meddai Miss Pritchard.

Nid yw Mansel druan yn dda iawn am wrando.

Ond mae Miss Pritchard yn dda iawn am adrodd stori.

Mae Siân yn gwrando'n astud.
Mae Siân yn glustiau i gyd.
Stori Clawdd Offa.
Dyma Glawdd Offa.
Dyma stori'r Cymro'n cael ei ddal yr ochr arall i'r clawdd.
Stori'r Cymro'n cael ei gosbi.
Stori'r Cymro'n colli ei glust.
Stori'r Cymro'n cael ei erlid yn ôl i ochr arall y clawdd.
Mae Siân yn teimlo dros y Cymro.
Mae Siân yn casáu Offa.
Mae Offa'n ddyn drwg.
Tybed yw plant y Gallaghers yn cael clywed stori Clawdd Offa yn eu hysgol nhw?
Dyw'r Gallaghers ddim yn siarad Cymraeg.
Twt, twt!

Rholio llygaid.
Y Gallaghers.
Twt, twt!
Dyw Siân ddim eisiau colli ei chlust.
Dyma'r fenyw fach bres mewn gwisg Gymreig.
Mae'r fenyw fach bres mewn gwisg Gymreig yn datgelu
ei chyfrinach.
Mae'r fenyw fach bres mewn gwisg Gymreig yn tincian
canu.
Ding a ling a ling.
AMSER GWERSI.
Mae mam Siân yn gweiddi'n groch,

Gweiddi'n y gwynt a gweiddi'n y glaw,
Gweiddi'n y daran a gweiddi'n ddi-daw,
Ding, dong.

Mae'r ddraig yn diffodd ei sigarét ac yn estyn am y
Fisherman's Friend.
Mae Siân yn mynd yn ôl i'r tŷ
sy'n esgus bod yn ysgol
ac at fwrdd y gegin
a'i flanced o Silk Cut.
At Crwys
ac wrth gwrs
at Dduw.
Nid yw Siân yn tynnu ei chlogyn a'i chap.
Mae hi'n oer.

Does dim gwres yn ystod y *three day week*.
Mae llaca ar glogyn Siân.
Mae mam Siân wedi danto.
Mae mam Siân yn dweud y drefn.
Twt, twt!
Rholio llygaid.
Twt, twt!
Nid yw Siân yn cyfaddef iddi gael llaca ar ei chlogyn
wrth geisio pipo dros y ffens.
Bi-po!
Nid yw mam Siân eisiau iddi hi siarad â'r plant drws
nesaf.
Plant y Gallaghers.
Dyna pam y codwyd y ffens.
Ai ffens i gadw Siân i mewn neu gadw'r Gallaghers
mas?

Ni a nhw.

Mae gan Siân ddigon o ffrindiau yn yr ysgol,
meddai mam Siân.
Cyfrwn ein bendithion.
Nid yw Siân yn cyfaddef fod
Ella, dwy el,
yn esgus peidio clywed Siân yn yr ysgol.
Mae Siân yn siarad ond mae
Ella, dwy el,
yn penderfynu bod yn fyddar.

Dyma Ella, dwy el.

Mae Ella, dwy el,
yn rhoi Siân yn dwt yn ei lle.
Mae Ella, dwy el, eisiau hala Siân i
Coventry.
Mae Siân wedi ei halltudio
o diriogaeth y merched ar yr iard chwarae.
Mae Siân ar ei phen ei hunan.
Mae Siân yn eistedd ar y wal fach yn gwylio
Ella a'i ffrindiau yn cynllwynio ym mhen draw'r
iard chwarae.
Mae Siân yn esgus bod hi ddim yn becso.
Mae Ella, dwy el,
wedi dweud wrth Denise a Catrin am hala Siân i
Coventry.

Dyma Denise a Catrin.

Mae Denise a Catrin yn ufuddhau i
Ella, dwy el.
Dyna drueni, achos mae Coventry yn lle unig.
I Coventry mae plant gwallt moron yn mynd, meddai
Ella, dwy el.
Mae Ella, dwy el, yn annog Denise a Catrin i
ailadrodd,
Gwallt moron.
GWALLT MORON!

GWALLT MORON!

Mae Ella, dwy el, yn gwybod iddi daro nerf.

Dyma Siân y Wotsit!

Dere 'mlân Denise!

Mae Denise yn ufuddhau ac yn dweud,

WOTSIT!

Dere 'mlân Catrin!

Mae Catrin yn ufuddhau ac yn dweud,

WOTSIT!

Mae Ella, dwy el, yn ei helfen.

Dyma Siân y Space Hopper!

Dere 'mlân Denise!

Mae Denise yn ufuddhau ac yn poeri'r geiriau,

SPACE HOPPER!

Dere 'mlân Catrin!

Mae Catrin yn ufuddhau ac yn poeri'r geiriau,

SPACE HOPPER!

Mae Ella, dwy el, ar ben ei digon.

Dyma Siân y Basil Brush!

Dere 'mlân Denise!

Mae Denise yn ufuddhau ac yn bloeddio'r geiriau,

BASIL BRUSH!

Dere 'mlân Catrin!

Mae Catrin yn ufuddhau ac yn bloeddio'r geiriau,

BASIL BRUSH!

Mae gwallt coch Siân yn ei gwneud hi'n wahanol.
Dyw Siân ddim eisiau bod yn wahanol.
Mae Siân eisiau bod fel
Ella, dwy el,
Neu o leia'n fersiwn neis o
Ella, dwy el.
Ond nid yw Siân fel
Ella, dwy el.
Mae Siân ar y cyrion,
fel Mansel druan.
Dyna drueni.

Dyma Siân uwchben y sinc.

Mae Siân yn trio newid lliw ei gwallt.
Mae Siân wedi estyn *cochineal* o bantri ei mam.
Mae Siân wedi tywallt y *cochineal* am ei phen uwchben
y sinc.
Mae'r sinc yn gyflafan o goch.
Mae gwallt coch lliw moron Siân
bellach yn wallt coch lliw gwaed.
Mae mam Siân wedi danto.
Mae mam Siân yn dweud y drefn.
Mae mam Siân yn estyn am y Silk Cut.
Y groten dwp!
Beth wyt ti, Siân?
Croten dwp, Mam.

Dyma Ella, dwy el.

Mae ceg
Ella, dwy el, yn gwenu,
ond dyw llygaid
Ella, dwy el, ddim yn gwenu
ac mae hi'n rhoi tocyn unffordd i Ginger Nut!
GINGER NUT!

GINGER NUT!

a'i hala hi ar ei hunion i
Coventry.
Shh! Shh!
Mae tawelwch yn gwneud dolur.
Mae'r mudandod yn artaith.
Mae'n well gan Siân y *three day week*.
Mae'n well gan Siân chwarae ysgol gatre
na mynd i'r ysgol go iawn
er bod 'iard' Afallon yn wag.
Falle bydd plant y Gallaghers mas yn chwarae
pan fydd y fenyw fach bres mewn gwisg Gymreig yn
canu'r tro nesaf.
Ding a ling a ling.
Falle y gall Siân ofyn i Mam am gael mynd atyn
nhw.
Falle y gall Siân ganu emyn bach i blesio Mam:

Draw, draw yn China a thiroedd Japan
Plant bach melynion sy'n byw;

Dim ond eilunod o'u cylch ymhob man,
Neb i ddweud am Dduw.
Iesu cofia'r plant,
Iesu cofia'r plant,
Anfon genhadon ymhell dros y môr,
Iesu cofia'r plant.

Neu,
falle y gall Siân adrodd adnod i blesio Mam:
Câr dy gymydog fel ti dy hun.
Ond falle nad yw mam Siân yn caru hi ei hunan
ac mai dyna pam nad yw hi'n gallu caru'r
Gallaghers.
Falle y gall Siân ofyn i Mam am hyn.
Falle.
Falle ddim.

Dyma Siân.

Mae Siân yn setlo wrth fwrdd y gegin.
Mae mam Siân yn chwistrellu Elnett ar ei gwallt.
Nid yw gwallt mam Siân fel y fenyw Elnett.
Mae Siân yn falch nad yw gwallt Mam fel y fenyw
Elnett.
Mae gwallt Misus Elnett yn sili.
Nid oes gan fam Siân wallt coch.
Nid oes gan dad Siân wallt coch.
Mae hyn wedi esgor ar sawl sylw

am y dyn llaeth.
Nid yw Siân yn deall beth sydd gan y dyn llaeth
i'w wneud â'r ffaith fod ganddi hi wallt coch.
Mae hi wedi trio deall geiriau'r gân am Ernie:
The Fastest Milkman in the West.
Ond mae'n anodd deall.
Mae tad Siân yn chwerthin
a chwerthin.
Yn morio chwerthin.
Fe ddylai hi fod yn falch o'i gwallt coch,
meddai mam Siân.
Roedd gan Mair Magdalen wallt coch,
meddai mam Siân.
Dyma Mair Magdalen.
Roedd Mair Magdalen yn dyst i atgyfodiad Crist,
meddai mam Siân.
Roedd gan Mair Magdalen ffetis traed,
meddai tad Siân.
Mae mam Siân yn gwgu.
Fe ddylai hi fod yn falch o'i gwallt coch,
meddai tad Siân.
Roedd gan Winston Churchill wallt coch,
meddai tad Siân.
Dyma Winston Churchill.
Ond pan mae Siân yn edrych yn yr
Encyclopaedia Britannica
nid oes gan Churchill wallt coch.
Nid oes gan Churchill wallt o gwbl.

Mae Siân yn cael hunllefau am fynd yn foel.
Mae gwallt coch yn well na dim gwallt o gwbl.
Cyfrwn ein bendithion.
Flwyddyn yn ddiweddarach ac mae gan Siân
Enseiclopedia Cymraeg.
Dyna lwcus yw Siân.
Mae Siân yn ferch lwcus iawn.
Mae Siân yn edrych yn ei llyfr newydd;
ei hanrheg pen-blwydd.
Chwilota.
Cyfrol Un.
A i Ec.
O Abacus i
Cannwyll.
Does dim sôn am Churchill yn
Chwilota Un.
Daw Churchill ar ôl
Cannwyll.
Bydd rhaid aros tan
Chwilota
Cyfrol Dau.
Mae Siân wedi darllen
Chwilota Un o glawr i glawr.
Nid yw Siân yn hoffi'r ffaith
nad oes sôn yn *Chwilota Un*
i Bendigeidfran godi pont.
Nid yw Siân yn hoffi'r ffaith fod llawer o sôn yn
Chwilota Un

am godi wal yn Berlin.
Mae hyd yn oed llun ar dudalen naw deg naw o
Wal Berlin.
Mae Siân yn meddwl fod
pont
yn bwysicach na
wal.

Dyma Siân.

Mae Siân yn y gegin.
Mae oglau sigaréts ac Elnett yn y gegin.
Mae mam Siân yn ei siarsio i weithio.
Mae mam Siân eisiau astudio catalog.
Dyma gatalog y Green Shield Stamps.
Cant ac ugain o lyfrau llawn Green Shield Stamps
eraill
a bydd mam Siân yn gallu eu cyfnewid am
Hostess Trolly.
Byddai cael *hostess trolly*'n troi mam Siân yn
Fanny Cradock!
Byddai tad Siân yn hapus.
Dyw tad Siân ddim yn hoffi ei brydau bwyd yn oer.
Mae Siân yn hoffi'r syniad o gael
Hostess Trolly.
Byddai pawb yn hapus.
Byddai pryd twym yn hytrach na Dairylea
ar frechdanau Nimble drwy *hatch* y gegin yn braf,

am unwaith.
Mae Siân yn hoffi Dairylea
weithiau.
Ond ddim bob dydd.
Dyw Siân ddim yn hoffi Nimble
sy'n rhan o *calorie controlled diet* Mam.
Mae mam Siân eisiau hedfan fel aderyn
mewn balŵn Nimble.
Na, dyw Siân ddim eisiau Dairylea ar Nimble bob
dydd.
Fe hoffai Siân gael caserol cyw iâr Mam-gu
Cenarth.
Ond, heb drydan, does dim posib cael pryd twym.
Heb drydan, oes pwynt cael *hostess trolly*?
Mae mam Siân yn rhoi pryd o dafod iddi hi am ofyn
cwestiynau dwl.
Croten dwp!
Beth wyt ti, Siân?
Croten dwp, Mam.

Dyma Siân.

Mae Siân â'i phen yn ei llyfr eto.
Ond,
Mae *Llyfr Darllen Newydd 1* yn rhy hawdd.
Mae *Llyfr Darllen Newydd 2* yn rhy hawdd.
Mae *Llyfr Darllen Newydd 3* yn rhy hawdd.
Mae *Llyfr Darllen Newydd 4* yn rhy hawdd.

Ond nid yw Siân yn cyfaddef hyn wrth Mam.

Nid yw Siân yn cyfaddef hyn wrth neb.

Mae Siân wedi dysgu nad yw'n talu bod yn rhy glyfar.

Mae Siân wedi dysgu ei bod hi'n talu bod yn bert, fel

Anti Rita.

Dyma Anti Rita.

Mae Anti Rita'n gweithio gyda thad Siân.

Mae Anti Rita'n gweld mwy ar dad Siân na Siân.

Dyna lwcus yw Anti Rita.

Tw-whit, tw-hw!

Mae gan Anti Rita fronnau pigog, uchel,

diolch i'r *Maidenform bra*.

Nid yw Siân yn gallu tynnu ei llygaid oddi ar y

bronnau *Maidenform* pigog, uchel.

Nid yw tad Siân yn gallu tynnu ei lygaid mawr gwdihŵ oddi ar y

bronnau *Maidenform* pigog, uchel.

Mae Anti Rita'n mwynhau'r llygaid mawr gwdihŵ ar ei

bronnau *Maidenform* pigog, uchel.

Mae Anti Rita'n gwybod popeth.

Mae Anti Rita'n dechrau pob brawddeg:

'Dydw i ddim yn arbenigwr, ond...'

Mae mam Siân yn stompio o gwmpas y gegin yn ei sandalau Dr Scholl.

Clip clop clip clop.
Mae mam Siân yn estyn am y Silk Cut.
Mae mam Siân yn dweud mai
wal Jerico Dad yw Anti Rita.
Mae tad Siân yn rowlio'i lygaid mawr gwdihŵ.
Does dim rhaid i Anti Rita fwyta Nimble,
meddai tad Siân.
Mae Anti Rita'n bwyta'n harti yn y cantîn yn y gwaith,
meddai tad Siân
ac mae Anti Rita'n cadw ei *figure* yn berffaith.
Mae Anti Rita'n cadw trefn ar dad Siân yn y gwaith,
meddai tad Siân.
Mae wyneb mam Siân yn ddigon i suro llaeth.
Ond nid yw waliau Jerico'n
dymchwel.
Mae mam Siân yn gofyn i dad Siân
Oes gan Anti Rita gyfrinach
sy'n glychau i gyd pan fydd hi'n gweithio dros nos?
Tw-whit, tw-hwl
Ding a ling.
Clip Clop.

Dyma Siân.

Nid yw Siân yn deall.
Pan ddaeth tad Siân gatre o drip y gwaith yn Awstria
fe anfonodd mam Siân e, druan bach ag e, i
Coventry.

Shh!
Mae mam Siân yn ymddwyn yn rhyfedd.
Mae mam Siân yn siarad â thad Siân drwy Siân.
Siân, gofyn i dy dad os yw e'n moyn tato?
Siân, gofyn i dy dad os yw e'n moyn dishgled?
Siân, gofyn i dy dad os yw e'n moyn arsenig?

Amser swper,
mae mam Siân yn canu,

Roedd Frans o wlad Awstria
Yn iodlan ar fynydd mawr
Pan ddaeth ei ysgrifenyddes
A'i gusanu'n fflat i'r llawr.

Ac fel cytgan mae mam Siân yn gwneud sŵn
cusanu,
Sws, sws, sws, sws.
Mae Siân yn chwerthin
a chwerthin.
Yn morio chwerthin.
Ond does neb arall yn chwerthin.
Mae Siân yn stopio chwerthin.
Mae tad Siân yn cwyno fod y tato'n oer.
Mae mam Siân yn cwyno nad oes ganddi
Hostess Trolly,
fel sydd gan
Anti Rita, 'Dydw i ddim yn arbenigwr, ond...'

Mae tad Siân yn codi ar ei draed ac yn bwrw mam Siân.

Mae Siân yn dychryn.

Mae Siân yn dawel.

Mae Siân eisiau llefen.

Mae tad Siân yn dweud wrth Siân am fynd i gadw'r anrheg o Awstria.

Nid tegan yw'r ddol o Awstria.

Dyw Siân ddim yn cael cyffwrdd yn y ddol.

Dim ond edrych.

Dim ond edmygu,

o bell.

Dim ond tad Siân sy'n cael byseddu dolis.

Nid yw Siân yn cyfaddef nad yw hi'n hoffi'r dolis.

Y dolis salw,

y dolis salw gyda'u hwynebau porslen

yn syllu'n fud drwy wydr y cabinet.

Dolis salw yn eu gwisgoedd cenedlaethol

yn cyd-fyw'n ddiflas y tu ôl i fur gwydr y cabinet.

Dyma ddol o Rotterdam mewn clocsiau a dau fwced metal yn crogi ar ddarn o bren coch.

Dyma ddol o Firenze a'i sgert fel lliain bwrdd.

Dyma ddol o Awstria a dwy blethen euraid o dan het gam.

Dyma ddol o Roeg; Evzonoi o dan het goch a thasels du'n cuddio'i wg.

Dyma ddol o Sbaen mewn ffrog fflamenco goch a du a'i llygaid croes yn cuddio y tu ôl i'w ffan.

Dyma ddol o Gymru sydd braidd yn dew.
Dyw hi ddim yn bwyta Nimble.
Dyw hi ddim yn mynd i gael hedfan fel aderyn.
Dyw hi ddim yn gwisgo *Maidenform* bra fel Anti Rita.
Mae yno hyd yn oed ddol mewn dillad lleian.
Dyw Siân ddim yn cofio ar ba un o'i deithiau 'gwaith'
y cafodd Dad y lleian.
O ba wlad y daw'r lleian, tybed?
Oes gan y lleian glychau o dan ei sgert?
Ydi'r lleian yn gallu datrys problem fel Maria?
Dim mwy o gwestiynau, er mwyn y mowredd.
Mae mam Siân yn siarsio Siân i weithio.

Dyma Siân.

Mae Siân yn troi'n ôl at y *Llyfrau Darllen Newydd*.
Gyrr o wartheg.
Cenfaint o foch.
Haid o adar.
Bitw'r llygoden yn cuddio yng nghlocsen y forwyn.
Twm Siôn Cati.
Stori'r Dail a'r Gwreiddiau:
'Pethau hyll iawn yw coed heb ddail.'
Ond i Siân mae'r dderwen wrth ffenest llofft Afallon
yn bert ym mhob tymor.
Mae gwreiddiau cnotiog y dderwen
yn ymwthio drwy grac y palmant fel
gwythiennau piws dwylo Mam-gu Cenarth.

Dyma Mam-gu Cenarth.

Mam-gu Cenarth yw mam mam Siân.
Mae Mam-gu Cenarth yn credu mewn Duw.
Ond nid yw Mam-gu Cenarth yn siarad am Dduw
byth a beunydd.
Dyma Mam-gu Cenarth.
Mam-gu Cenarth a'i dannedd dodi
a'i hoglau Coal Tar.
Mae Mam-gu Cenarth fel potel o
Calamine Lotion sy'n gwella pob dolur.
Mae Siân yn hoffi pan ddaw Mam-gu Cenarth i aros.
Mae Siân yn hoffi mynd i aros at Mam-gu Cenarth.
Mae drws cartref Mam-gu Cenarth wrth yr afon.
Mae drws cartref Mam-gu Cenarth ar agor i bawb.
Does dim wal,
ffens, na
wal frics rhwng tŷ Mam-gu Cenarth
a'i chymdogion.

Dyma Mam-gu Cenarth.

Mae Mam-gu Cenarth yn gwasgu darn hanner can
ceiniog newydd i law Siân.
Nid arian i'w wario
Nid arian i'w sbario,
ond arian i'w gadw am byth
yn y cadw mi gei.

Mae Siân yn trysori'r darn hanner can ceiniog newydd.
Dyma'r darn hanner can ceiniog newydd.
Mae naw llaw mewn cylch ar y darn arian.
Mae Mam-gu Cenarth yn egluro mai
naw aelod yr I I Si yw'r naw llaw.
Nid yw Siân yn deall yr I I Si.
Mae Mam-gu Cenarth yn dweud mai ffrindiau yw'r
naw llaw.
Tybed yw'r naw ffrind yn mynd i Coventry weithiau?
Mae Siân yn hoffi'r naw llaw mewn cylch.
Mae Siân yn hoffi Mam-gu Cenarth.

Dyma Mam-gu Cenarth
yn ei barclod a'i dwylo'n fflŵr i gyd.
Mae Mam-gu Cenarth yn pobi teisen.
Un i Siân ac un i blant bach
Nazareth House.
Mae Mam-gu Cenarth yn mynd â theisen i'r plant
amddifad yn
Nazareth House
bob tro y daw hi i Afallon.
Mae Mam-gu Cenarth yn llefen bob tro y daw hi mas
o
Nazareth House.
Iesu cofia'r plant.

Dyma Siân.

Mae Siân yn mynd i siop Manconi.
Mae gan Siân botel Corona wag.
Mae Mistar Manconi'n rhoi pum ceiniog i Siân am y
botel.
Mae Siân yn prynu dau *black jack* â'r arian.
Mae'r *black jacks* yn troi tafod Siân yn ddu.
Mae Siân am roi tair ceiniog yn ei chadw mi gei
gyda'r darn hanner can ceiniog yr I I Si.
Mae Siân yn cynilo.
Mae Siân eisiau prynu camera Polaroid.
Dyw Siân ddim eisiau tynnu lluniau fel lluniau'r
ferch napalm.
Roedd llun y ferch napalm ym mhapur newydd tad
Siân.
Mae'r ferch napalm yr un oed â Siân.
Mae Siân yn cael hunllefau am y ferch napalm.
Mae Siân yn gallu ei chlywed hi'n sgrechian drwy'r
llun.

Tybed a yw'r ferch napalm yn dal yn fyw heddiw?
Tybed oes gan y ferch napalm ddillad heddiw?
Tybed ble mae mam y ferch napalm heddiw?
Tybed ble mae tad y ferch napalm heddiw?
Tybed ble mae Duw heddiw?
Druan o'r ferch napalm.

Na, nid yw Siân eisiau tynnu lluniau trist.
Mae Siân eisiau tynnu lluniau hapus.
Ond mae tad Siân yn gofyn,
I beth wyt ti eisiau camera?
Dyw merched ddim yn tynnu lluniau â chamera.
Dynion sydd yn tynnu lluniau â chamera.
Lluniau o ferched pert mewn
Maidenform bra.
Ac weithiau heb fra o gwbl!
Tw-whit, tw-hw!
Nid yw mam Siân yn dweud dim.
Nid yw Siân yn dweud dim.
Ond yn dawel fach, mae Siân am barhau i gynilo.
Rhyw ddiwrnod, mae Siân am gael camera Polaroid.
Ond ddim heddiw.

Heddiw, ar y ffordd gatre o Manconi
mae Siân yn gweld lori Pickfords.
Mae dynion yn cario matres mas o'r lori.
Mae menyw ddieithr yn sefyll ar riniog drws rhif un,
Cilgant y Deri.
Byngalo yw rhif un, Cilgant y Deri.
Yr unig fyngalo yng Nghilgant y Deri.
Mae rhif un yn wahanol i bob tŷ arall
yng Nghilgant y Deri.
Codwyd y byngalo ar dir hen ffermdy'r Dderwen Deg
cyn dymchwel y deri,
cyn adeiladu'r waliau,

cyn adeiladu Cilgant y Deri.

Does neb bellach yn cofio ffarm y Dderwen Deg.

Mae'r tai wedi dwgyd yr hanes.

Byngalo Mistar Robinson oedd rhif un, Cilgant y Deri.

Gŵr gweddw o Gaeredin oedd Mistar Robinson.

Mae Mistar Robinson wedi marw.

Bu Mistar Robinson farw yn ei gwsg.

Bu Mistar Robinson yn gorff yn rhif un, Cilgant y Deri
am saith niwrnod.

Mistar Manconi wnaeth ffonio'r heddlu.

Roedd Mistar Manconi yn meddwl ei bod hi'n
rhyfedd

nad oedd Mistar Robinson wedi codi'r poteli llaeth o
stepen y drws.

Tair potel laeth.

Tair potel laeth yn suro.

Saith niwrnod yn gorff.

Daeth yr heddlu.

Daeth yr ambiwlans.

Ond roedd Mistar Robinson wedi marw.

Bu Mistar Robinson farw yn ei gwsg.

Bu Mistar Robinson yn gorff yn rhif un, Cilgant y Deri
am saith niwrnod.

Doedd neb ddim callach.

Dyna drueni.

Mae Mistar Robinson wedi marw ers wythnosau.

Mae rhif un, Cilgant y Deri wedi bod yn wag ers

wythnosau.

Mae dyn dieithr yn gweithio yn yr ardd heddiw.

Mae'r dyn dieithr yn taro wal yr ardd â gordd heddiw.

Mae'r dyn dieithr yn ceisio dymchwel y wal heddiw.

Mae Siân yn rhedeg gatre i ddweud wrth Mam.

Dyna ddirgelwch.

Pam fod y dyn dieithr yn ceisio dymchwel y wal?

Dyna ddirgelwch.

Falle fod y dyn dieithr eisiau adeiladu carport, meddai mam Siân.

Mae mam Siân yn penderfynu ei bod hi angen mynd i'r siop.

Mae mam Siân yn mynnu fod Siân yn mynd gyda hi i'r siop.

Mae Siân newydd fod yn y siop.

Dim ots.

Rhaid bod yn gymdogol.

Rhaid bod yn Gristnogol.

Cyfrwn ein bendithion.

Falle fod y teulu newydd angen rhywbeth o'r siop.

Mae mam Siân yn gwisgo ei sandalau Dr Scholl.

Mae mam Siân yn rhoi minlliw Yardley Dusty Rose ar ei gwefusau.

Mae mam Siân yn cael minlliw Yardley Dusty Rose gan yr Avon Lady.

Ding dong!

Avon calling!

Ond dim nawr, Avon Lady!

Dim nawr!

Dewch yn ôl rhywdro eto!

Mae mam Siân eisiau mynd i siop Manconi.

Mae mam Siân yn taenu Elnett ar ei gwallt.

Mae mam Siân yn rhoi ei bag macramé ar ei hysgwydd

ac yn mynnu fod Siân yn dod i'r siop.

Clip clop.

Mae'r ddwy yn cerdded i bendraw Cilgant y Deri.

Mae'r dyn dieithr yn dal i waldio'r wal.

Mae mam Siân ar fin ei gyfarch

pan ddaw'r fenyw ddieithr mas o'r byngalo yn gwthio cadair.

Cadair olwyn.

Cadair olwyn fawr.

Mae merch yr un oed â Siân yn y gadair olwyn fawr.

Mae'r dyn dieithr yn stopio waldio'r wal.

Mae'r dyn dieithr yn galw ac yn codi ei law

ac yn cyfarch y ferch yn y gadair.

Y gadair olwyn.

Y gadair olwyn fawr.

Rosie yw enw'r ferch yn y gadair.

Mae Rosie'n gwenu.

Mae gan y dyn dieithr yr un acen â Mistar Gallagher drws nesaf.

Mae gan y dyn dieithr yr un acen â Val Doonican.
Mae Siân yn hoffi Val Doonican.
Ond mae tad Siân yn dweud
mai sipsiwn yw pawb ag acen Val Doonican.
Hei-ho hei-di ho!
Fi yw sipsi bach y fro.
Mae Siân yn gofyn,
Beth sy'n bod ar acen Val Doonican?
Nid yw tad Siân yn codi ei ben o'i bryd Vesta Cyri
dim ond dweud,
Maen nhw'n dod yma ac yn dwyn ein swyddi ni i gyd,
fel y bobol dduon.
Dyw Siân ddim yn deall pam bod hyn yn ei boeni.
Mae Mistar Gallagher drws nesaf yn gweithio
yn y dociau.
Dyw tad Siân ddim eisiau swydd
yn y dociau.
Mae Misus Gallagher drws nesaf yn gweithio yn y
siop trin gwallt.
Dyw tad Siân ddim eisiau i fam Siân weithio yn y
siop trin gwallt.
Dyw tad Siân ddim eisiau i fam Siân weithio o gwbl.
Gwaith mam Siân yw tendio arno fe
a magu Siân.
Na, does dim angen i fenywod weithio.
Mae Anti Rita'n gweithio,
meddai Siân.
Ond dyw Anti Rita ddim yn wraig briod,

meddai tad Siân.
Dyna lwcus yw Anti Rita,
meddai mam Siân.

Dyma Rosie.

Mae Rosie yn gwenu.
Ond dyw Rosie ddim yn codi llaw.
Does gan Rosie ddim llaw.
Mae gan Rosie ddau fys ar un ysgwydd.
Mae gan Rosie ddau fys ar yr ysgwydd arall.
Does gan Rosie ddim bodiau.
Does gan Rosie ddim coesau.
Mae coesau Rosie'n gorffen uwch ben ei phen glin.
Mae gan Rosie chwech bys ar waelod un pen glin.
Mae gan Rosie bump bys ar waelod y pen glin arall.
Mae Rosie'n wahanol.
Mae Rosie'n unigryw.
Mae mam Siân yn cynhyrfu.
Mae mam Siân yn croesi'r ffordd.
Mae mam Siân yn ceisio cerdded ar flaenau'i thraed.
Ond mae'n anodd cerdded ar flaenau eich traed
mewn sandalau Dr Scholl.
Clip clop, clip clop.
Mae mam Siân yn cythru at siop Manconi.
Mae mam Siân yn rhedeg.
Ond mae'n anodd rhedeg ar flaenau eich traed mewn
sandalau Dr Scholl.

Clip clop, clip clop, clip clop.

Nid yw Siân yn cofio gweld ei mam yn rhedeg o'r blaen.

Clip clop, clip clop, clip clopidi clop.

Mae Siân yn rhedeg ar ei hôl.

Mae Siân yn gofyn

Beth sy'n bod, Mam?

Mae mam Siân yn prynu Silk Cut.

Mae Siân yn gofyn

Beth sy'n bod, Mam?

Odyn ni'n mynd i fod yn gymdogol?

Odyn ni'n mynd i fod yn Gristnogol

gyda theulu Rosie?

Mae mam Siân yn tanio sigarét.

Dyw Siân erioed wedi gweld ei mam yn smocio ar y stryd o'r blaen.

Mae mam Siân yn meddwl ei bod hi'n gomon i smocio ar y stryd.

Ond dim heddiw.

Mae Siân yn gofyn eto,

gawn ni siarad gyda theulu Rosie?

Mae mam Siân yn dweud

(rhwng tynnu'n ffyrnig ar y sigarét)

dydyn nhw ddim yr un peth â ni.

Mae cylch Yardley Dusty Pink yn gusan anniben ar y sigarét.

Mae Siân yn gofyn eto,

beth sy'n bod?

Pam nad yw mam eisiau siarad gyda Rosie?
Mae mam Siân yn dweud wrthi am fod yn dawel
er mwyn y mowredd.
Cyfrwn ein bendithion.

Am unwaith, nid yw Siân yn meddwl am y ferch
napalm.
Mae Siân nawr yn meddwl am Rosie.
Dyw Siân ddim yn gallu stopio meddwl am Rosie.
Dyw Siân ddim yn adnabod neb arall mewn cadair,
mewn cadair olwyn,
mewn cadair olwyn fawr,
ar wahân i Sandy yn Crossroads.
Ond nid yw Siân yn adnabod Sandy.
Cymeriad mewn drama yw Sandy,
nid person go iawn fel Rosie.
Mae Sandy mewn cadair olwyn oherwydd
damwain car.
A yw Rosie wedi cael damwain car tybed?
Cau dy geg Siân,
er mwyn y mowredd!

Un noson,
mae Siân yn eistedd ar risiau Afallon yn clustfeinio.
Mae rhieni Siân yn trafod y teulu newydd rhyfedd
sy'n byw yn hen fyngalo Mistar Robinson.
Y teulu newydd rhyfedd
sy'n siarad fel Val Doonican.

Mae'r teulu wedi cael compo.
Nid yw Siân yn gwybod beth yw compo.
Mae'r teulu wedi cael compo gan
Distillers Biochemicals Limited.
Nid yw Siân yn gwybod pwy yw
Distillers Biochemicals Limited.
Mae'n rhaid bod Distillers Biochemicals Limited
yn garedig iawn.
Mae Distillers Biochemicals Limited wedi rhoi compo
i deulu Rosie.
Dyna pam bod teulu Rosie wedi gallu prynu
byngalo Mistar Robinson.
Compo i ddymchwel y wal,
i adeiladu ramp yn yr ardd
ac i brynu byngalo Mistar Robinson.
Mae rhai'n cael y lwc i gyd,
meddai tad Siân.
Cyfrwn ein bendithion,
meddai mam Siân.
Mae mam Siân yn llefen.
Iesu cofia'r plant.
Mae mam Siân yn Dryweryn o ddagrau.
Mae mam Siân yn mwmial,
Gareth bach,
Gareth bach.
Dylen ni fod wedi cadw
Gareth bach.

Dyma Gareth bach.

Gareth bach yw brawd Siân.
Ble mae Gareth bach?
Bi-po!
Ble wyt ti, Gareth bach?
Mae pawb yn dweud fod Gareth bach wedi marw.
Mae pawb yn dweud y bu Gareth bach farw ar ei
enedigaeth.
Mae pawb yn dweud y bu Gareth bach farw cyn i Siân
gael ei geni.
Dyna beth mae pawb wedi ei ddweud wrth Siân am
Gareth bach.

Dyma dad Rosie.

Mae tad Rosie'n hoffi canu.
Mae Rosie'n hoffi gwrando ar ei thad yn canu,

And when times got rough
There was just about enough
But they saw it through without complaining.
For deep inside was a burning pride
In the town I loved so well.

Mae tad Rosie'n caru Rosie.
Mae tad Rosie'n talu mwy o sylw i Rosie
na mae tad Siân yn ei dalu i Siân.

Dyna lwcus yw Rosie.

Mae tad Rosie'n dymchwel y wal.

Mae'r wal yn ei gwneud hi'n anodd gwthio'r
gadair olwyn fawr at y byngalo.

Nid chwalu'r wal ar gyfer carport felly,
ond chwalu'r wal er mwyn y gadair.

Mae Siân yn meddwl fod hynny'n
syniad da.

Syniad da iawn.

Dyma Siân.

Mae'r *three day week* drosodd.

Dyna drueni.

Mae'n amser mynd yn ôl i'r ysgol.

Bob diwrnod.

Mae Siân yn pasio tŷ Rosie i fynd i'r ysgol.

Nid yw Rosie'n mynd i'r ysgol.

Mae hi'n *three day week* bob diwrnod i Rosie.

Mae Rosie'n cael athrawes i'r tŷ,
tra bydd mam Rosie'n gweithio yn y llyfrgell.

Dyma Siân.

Mae Siân yn y llyfrgell.
Mae Siân yn hoffi'r llyfrgell.
Un o lyfrgelloedd Carnegie.
Dyna ddyn da oedd Carnegie.
Mae llyfrgell hyfryd Carnegie ar ffurf
iâr fach yr haf.
Mae'r llyfrgell drws nesaf i'r fynwent.
Mae'r fynwent drws nesaf i wal fawr
Nazareth House.
Hoffai Siân fynd drwy'r wal i
Nazareth House
i weld y plant amddifad,
i weld y lleianod.

Mae Siân yn meddwl fod lleianod yn rhagrithiol.
Mae lleianod yn cwyno fod Maria yn broblem
am ei bod hi'n canu yn yr
abaty,
ond mae'r lleianod yn canu yn yr
abaty
am broblem Maria'n canu yn yr
abaty.
Mae Siân yn meddwl fod hynny'n rhagrithiol.
Hoffai Siân fod fel Maria.
Do re mi.
Do re mi.

Mae Siân yn meddwl ei bod hi'n rhyfedd iawn fod
mwy nag un lleian,
yn troi lleian yn od!
Mae Siân yn meddwl fod hyn yn ddoniol.
Lleianod!
Ond nid yw Mam-gu Cenarth yn chwerthin y tro hwn.
Mae Mam-gu Cenarth yn gadael Siân wrth y wal
ac yn mynd â'r deisen at ddrws mawr
Nazareth House.
Mae Siân yn pipo drwy'r iet.
Gall Siân weld lleian yn cymryd y deisen oddi wrth
Mam-gu.
Nid yw'r lleian yn debyg i'r ddoli lleian yng nghabinet
gwydr Afallon.
Mae'r lleian yn debyg i bengwin.
Daw Mam-gu Cenarth yn ôl at Siân gan sychu ei
dagrau.
Mae Siân yn gofyn eto am gael mynd i mewn i
Nazareth House
i weld y spastics,
i weld y lleianod.
Ond mae Mam-gu Cenarth wedi dweud sawl gwaith
nad lle i blant yw
Nazareth House.
Nid yw Siân yn deall.
Onid cartref i blant yw
Nazareth House?
Onid cartref i blant llai ffortunus yw

72

Nazareth House?
Plant bach amddifad?
Am unwaith, nid yw Mam-gu Cenarth yn ateb.
Mae oedolion yn gallu bod yn rhyfedd iawn weithiau.

Mae Mam-gu Siân yn ymddwyn yn od y tu fas i
Nazareth House.
Ai lluosog Mam-gu yw Mamgu-od?
Neu talle Mam-gŵn?
Bydd rhaid edrych yn *Llyfr Durllen Newydd*.

Dyw Siân ddim yn hoffi'r fynwent.
Mae Siân yn rhedeg heibio'r fynwent.
Mae Siân yn hoffi'r llyfrgell,
y llyfrgell iâr fach yr haf.
Mae'n dawel yn y llyfrgell.
Mae Siân yn hoffi llyfrau.
Mae mam Rosie yn helpu Siân i ddewis llyfr
ac yn stampio'r llyfr
stamp, stamp, stamp.
Mae Siân yn hoffi mam Rosie a'i hacen Val Doonican.
Mae mam Rosie yn pasio'r llyfr i Siân ac yn egluro fod
awdur y llyfr yn gloff ac yn gaeth i'r tŷ.
Doedd yr awdur ddim yn gallu cerdded.
Mae'r awdur yn ysgrifennu stori i annog darllenwyr i
fod yn garedig.
Mae mam Rosie'n garedig.
Mae mam Rosie'n gwahodd Siân i'r tŷ i chwarae gyda

Rosie.

Beth am ddydd Mercher ar ôl ysgol?

Mae gan Siân wers biano bob dydd Mercher gyda Misus Harringdon yn rhif deg, Cilgant y Deri.

Ond dyw Siân ddim yn dweud hyn wrth fam Rosie.

Dyw Rosie ddim yn gallu chwarae'r piano.

Does gan Rosie ddim bysedd.

Mae Siân eisiau bod yn garedig, fel awdur y llyfr.

Mae Siân yn derbyn y gwahoddiad.

Ond dyw Siân ddim yn gwybod sut mae chwarae gyda merch mewn

cadair olwyn.

Cadair olwyn fawr.

Mae Siân yn swil, ond mae hi'n magu plwc.

Mae Siân i fod yn nhŷ

Misus Harringdon.

Ond dyw Siân ddim yn mwynhau mynd i

dŷ tywyll Misus Harringdon.

This is middle C.

Hello Middle C.

Mae Siân eisiau dweud

This is Middle C.

Goodbye Middle C.

Mae Siân yn mynd i dŷ Rosie ar ôl ysgol yn lle mynd i dŷ tywyll Misus Harringdon.

Bydd rhaid i *Middle C* aros tan wythnos nesaf.

Mae Rosie'n gwenu ar Siân.

Mae Siân yn gwenu ar Rosie.

Mae Rosie'n hoffi llyfrau.

Mae Siân yn hoffi llyfrau.

Mae gan Rosie lyfr mawr

The Bumper Book of Look and Learn.

Mae Siân yn rhyfeddu.

Mae Rosie'n troi tudalennau *Look and Learn*

â'i thafod.

Dyna glyfar yw Rosie.

Mae Siân yn hoffi Rosie

Mae Rosie'n hoffi Siân.

Mae Siân a Rosie'n ffrindiau.

Mae gan Rosie galeidosgop

sy'n Tutti Frutti o liw.

Wrth edrych drwy'r caleidosgop

mae Siân a Rosie'n chwarae llongddrylliad.

Wrth edrych drwy'r caleidosgop

mae Siân a Rosie'n fôr ladron.

Mae Rosie'n dysgu Siân am y

Dragon Pirate Stories.

Mae Siân yn dysgu Rosie am

Barti Ddu o Gasnewy' Bach!

Y Cymro tal a'r chwerthiniad iach.

Mae Siân yn hoffi Rosie.

Mae Rosie'n hoffi Siân.

Mae Siân a Rosie'n ffrindiau.

Am y tro cyntaf erioed mae gan Siân ffrind gorau.

Am y tro cyntaf erioed mae gan Rosie ffrind gorau.

Nid yw Rosie'n anfon Siân i Coventry.

Rosie yw ffrind gorau Siân.

Siân yw ffrind gorau Rosie.

Dyna braf.

Mae Siân yn diolch i fam Rosie am y gacen a'r sgwosh.

Mae Siân yn sgipio gatre a'r haul uwchben yn un Haliborange mawr braf.

O diar!
Mae Misus Harringdon rhif deg, Cilgant y Deri
wedi ffonio mam Siân.
Beth ddigwyddodd i *Middle C*?
Mae Misus Harringdon yn grac.
Mae mam Siân yn grac.
Mae mam Siân yn grac iawn.
Mae Siân yn cael ei hala i'r gwely heb swper am fod
yn groten ddrwg.
Yn groten ddrwg iawn.
Beth wyt ti, Siân?
Croten ddrwg iawn, Mam.
Nid yw Siân yn dweud bod osgoi swper mam Siân yn
wobr,
nid yn gosb.
Nid yw Siân yn dweud ei bod hi'n ysu am gael mynd
i'w llofft i ddarllen y llyfr o'r llyfrgell.
Stamp, stamp, stamp.
Llyfr yr awdur cloff.
Llyfr yr awdur caredig.
Mae Siân yn darllen llyfr y llyfrgell yn ei gwely.
Mae Siân yn trio troi'r tudalennau â'i thafod,
fel Rosie.
Ond mae'n anodd.
Mae Siân yn hoffi stori'r ceffyl du hardd.
Mae gan y ceffyl du hardd ffrind o'r enw
Ginger.

Doedd neb erioed wedi bod yn garedig wrth
Ginger.
Druan o Ginger.

Dyma fam Siân.

Mae mam Siân yn sâl.
Nid yw Siân yn deall beth sy'n bod ar Mam.
Nid yw tad Siân yn deall beth sy'n bod ar Mam.
Mae mam Siân ar streic.
Mae mam Siân yn gwrthod codi o'i gwely.
Mae mwy o gysur o fewn *Brentford Nylons* y gwely
nag mewn byw.
Mae mam Siân wedi ildio i'r tywyllwch.
Mae mam Siân yn y gwely drwy'r dydd
ac ar ei thraed drwy'r nos.
Mam Siân yw'r gwdihŵ nawr.
Tw-whit, tw-hw!
Mae'r cyrtens wedi cau ddydd a nos.
Mae mam Siân yn mwynhau dioddef,
meddai tad Siân.
Mae mam Siân yn esgus bod yn *Joan of Arc*,
meddai tad Siân
Crist o'r North! Mae eisie gras!
meddai tad Siân.
Mae Mam-gu Cenarth yn dweud dros y ffôn mai'r
cwmwl mawr du sydd wedi dod yn ôl.
Paid â becso, Siân.

Ond mae Siân yn becso.
Mae Siân eisiau i'r cwmwl mawr du gilio.
Mae Siân eisiau i Mam fod yn well.

Mae mam Siân yn mynd i aros i Genarth.
Mae mam Siân yn mynd at Mam-gu Cenarth
a'i dannedd dodi
a'i hoglau Coal Tar.
Bydd mam Siân yn ôl cyn bo hir.
Paid â becso, Siân.

Mae Siân yn mynd i'r ysgol.
Mae Siân yn drist.
Mae Ella, dwy el, yn ceisio codi calon Siân.
Mae Ella, dwy el, a
Denise a Catrin yn
canu i geisio codi calon Siân

Where's your mama gone?
Where's your mama gone?
Where's your mama gone?
Where's your mama gone?
Far, far away,
Far, far awayayay.

Daw Siân yn ôl o'r ysgol.
Mae Anti Rita a'i bronnau pigog
yng nghegin Mam.

Mae Anti Rita a'i bronnau pigog yn coginio bwyd twym
yng nghegin Mam.
Ond nid yw Siân eisiau Anti Rita yn y gegin.
Nid cegin Anti Rita yw hon ond
cegin Mam.
Nid yw tad Siân yn gweithio'n hwyr yr wythnos hon.
Mae'r Triumph Herald yn garej Afallon.
Mae'r Ford Zephyr yng ngharport Afallon.
Mae Mini Cooper o flaen Afallon.
Car Anti Rita yw'r Mini Cooper coch.
Anti Rita 'Dydw i ddim yn arbenigwr, ond...'

Dyma dad Siân.

Mae tad Siân yn hapus.
Dyma Anti Rita.
Mae Anti Rita'n hapus.
Mae tad Siân ac Anti Rita yn Afallon.
Maen nhw'n chwerthin pan nad yw Siân yn yr
ystafell.
Maen nhw'n ddistaw pan yw Siân yn yr ystafell.
Odyn nhw wedi anfon Siân i Coventry?
Mae Siân eisiau gwydraid o laeth.
Mae Siân yn codi o'i gwely ac yn sleifio i'r gegin
yn dawel fach, fel Bitw'r llygoden.
Mae tad Siân ac Anti Rita yn y parlwr.
Mae Siân yn gallu eu gweld nhw
drwy *hatch* y gegin.

Maen nhw'n eistedd gyda'i gilydd ar y soffa
yn agos,
yn agos iawn,
yn agos iawn, iawn.
Mae tad Siân yn rhoi ei law ar ben glin Anti Rita.
Mae Anti Rita'n chwerthin.
Mae tad Siân yn dweud
Shh!
Mae clustiau bach o gwmpas.
Shh!
Mae tad Siân yn rhoi ei fys ar ei
wefus.
Mae Anti Rita'n cymryd bys tad Siân a'i roi ar ei
gwefus.
Mae Anti Rita'n rhedeg ei
thafod a'i dannedd
ar hyd bys tad Siân fel lolipop Fab.
Mae tad Siân yn dweud fod Anti Rita'n ferch ddrwg.
Mae Anti Rita'n chwerthin.
Mae tad Siân yn dweud y bydd rhaid iddo gosbi
Anti Rita
am fod yn ferch ddrwg.
Mae Anti Rita'n chwerthin.
Beth fydd fy nghosb i, Syr?
Mae tad Siân yn tynnu ei dei.
Mae Anti Rita'n chwerthin.
Mae tad Siân yn clymu dwylo Anti Rita â'i dei.
Mae Anti Rita'n chwerthin.

Mae tad Siân yn chwerthin ac mae'r llaw ar y ben glin
yn dringo'n uwch i fyny coes Anti Rita
ac o dan ei sgert goch.
Mae popeth am Anti Rita'n goch:
ei char,
ei minlliw,
ei sgert,
ei hymddygiad.
Mae Siân yn meddwl fod tad Siân ac Anti Rita yn
sili iawn.
Mae Siân yn meddwl ei bod hi'n hen bryd iddyn nhw
dyfu lan.
Mae Siân yn mynd i'w llofft.
Mae Siân eisiau i Anti Rita 'gwbod popeth' fynd gatre.
Mae Siân eisiau i'r cwmwl du gilio.
Mae Siân eisiau i *Joan of Arc* ddod gatre.

Dyma fam Siân.

Daw mam Siân gatre.
Haleliwia!
Mae'r Mini Cooper coch wedi mynd.
Haleliwia!
Mae Anti Rita 'Dydw i ddim yn arbenigwr, ond...'
wedi mynd.
Haleliwia!
Mae'r Ford Zephyr wedi mynd.
Dyna drueni.

Mae tad Siân wedi mynd yn ôl i'w batrwm o
weithio'n hwyr.
Tw-whit, tw-hw!
Mae Siân wedi bod yn breuddwydio am Anti Rita'n
mynd i Coventry.
Mae Siân wedi bod yn breuddwydio mai
Peters and Lee yw Mam a Dad.
Mae Siân wedi bod yn breuddwydio am Dad yn canu
Welcome Home gyda Mam.

Welcome Home, welcome
Come on in, and close the door
You've been gone, too long
Welcome, you're home once more.

Ond,
mae tad Siân yn y gwaith.
Mae mam Siân gatre.
Mae'r cwmwl mawr du yn dal yn ei llygaid.
Mae pen mam Siân yn dal i droi mewn triog du.
Mae Siân yn dal i fecso.
Mae Siân eisiau codi calon Mam.
Mae Siân yn mynd i'r llyfrgell.
Mae Siân yn gofyn i fam Rosie am lyfr gan Crwys.
Nid yw mam Rosie wedi clywed am Crwys.
Mae mam Rosie'n edrych yn y cwpwrdd ffeilio.
Mae mam Rosie'n dod ar draws cyfrol gan Crwys.
Stamp, stamp, stamp.

Mae Siân yn hapus.
Mae Siân yn gobeithio y bydd hyn yn codi calon
Mam.
Mae mam Rosie'n ei gwahodd draw at Rosie nos
Sadwrn.
Mae Siân yn derbyn y gwahoddiad.
Mae cwmwl du triog Afallon yn waith caled.
Mae heulwen haliborange tŷ Rosie'n bleser pur.

Dyma fam Siân.

Mae cyfrol Crwys ar fwrdd y gegin,
heb ei hagor.
Mae mam Siân yn ochneidio.
Mae mam Siân yn estyn am ei sandalau Dr Scholl.
Clip clop, clip clop.
Mae mam Siân yn rhoi minlliw yr Avon Lady
ar ei gwefusau.
Mae mam Siân yn taenu Elnett ar hyd ei gwallt.
Mae mam Siân yn estyn am ei chot capel.
Mae mam Siân yn cymryd anadl ddofn ac yn sibrwd
Iesu cofia'r plant.
Mae mam Siân yn mynd at y carport
ac yn agor drws y garej.
Mae mam Siân yn estyn yr ystol
ac yn llusgo'r ystol at y dderwen.
Mae mam Siân yn agor yr ystol.
Mae mam Siân yn mynd yn ôl i'r garej.

Mae mam Siân yn estyn rhaff sgipio Siân.
Mae mam Siân yn llusgo'r rhaff sgipio at y dderwen.
Mae mam Siân yn tanio sigarét.
Mae mam Siân yn mynd i eistedd ar y siglen.
Mae mam Siân yn smocio'r sigarét.
Y Mygyn Olaf!
Mae mam Siân yn gwenu.
Mae hi'n diffodd y sigarét a'i gladdu yn
y Border Bach.
Mae mam Siân yn mynd at y dderwen.
Mae mam Siân yn dringo'r ystol.
Mae mam Siân yn clymu'r rhaff sgipio ar gangen
y dderwen.
Nid gweithred hawdd yw clymu rhaff sgipio ar gangen
y dderwen.
Mae mam Siân yn clymu'r rhaff sgipio'n gylch am ei
gwddf.
Nid gweithred hawdd yw clymu rhaff sgipio'n gylch
am ei
gwddf.
Ond mae'n haws na byw.
Cyfrwn ein bendithion,
Gareth bach,
Gareth bach.
Mae mam Siân yn neidio oddi ar yr ystol
fel athletwraig.
Mae sandalau Dr Scholl yn hedfan a glanio'n dwt ger
y ffens.

Mae coesau mam Siân yn cicio am ychydig.
Mae mam Siân yn ysgwyd fel y fenyw fach bres mewn
gwisg Gymreig.
Ond nid oes ding a ling a ling.
Nid oes clip clop, clip clop.
Mae mam Siân yn bendil cloc sy'n arafu a dod i
stop.
Nid oes tic toc.
Nid yw mam Siân yn hedfan fel aderyn.
Nid yw mam Siân yn hedfan mewn balŵn.
Mae mam Siân yn hongian fel plwm
a chysgod ei chorff yn graffiti ar y
ffens.
Daw sgrech o ffenestr llofft drws nesaf
i rwygo'r awyr
a sobri'r adar mân.

Gwn am rai a ofnai lewod,
Gwn am rai a ofnai deigrod,
Gwaeth na'r cwbwl – gwn am un
A ofnai'i lun a'i gysgod.

Dyma Siân a Rosie.

Mae Siân yn nhŷ Rosie.
Mae Siân yn hapus.
Mae Rosie'n hapus.
Mae Siân a Rosie'n rhannu paced o Treets.
Melts in your mouth not in your hand!
Mae Rosie'n dweud
Melts in your mouth not in your foot!
Mae Rosie'n ddoniol iawn.
Mae Rosie'n cydio mewn Treet ag un o fysedd
ei thraed
ac yn rhoi Treet yn ei cheg.
Mae Siân yn ceisio cydio mewn Treet ag un o fysedd
ei thraed
ac mae'r Treet yn syrthio ar y llawr.
Nid yw Siân yn gallu cydio mewn Treet ag un o fysedd
ei thraed.
Mae Rosie'n chwerthin.
Mae Siân yn chwerthin.
Mae Siân a Rosie'n gwylio'r teledu.
Mae Siân a Rosie'n gwylio gwledydd Ewrop yn canu.
Nid oes un o'r cantorion mewn gwisgoedd fel rhai'r
dolis salw
yng nghabinet gwydr Afallon.
Mae Siân a Rosie'n hoffi'r gân o Sweden.
So how could I ever refuse
I feel like I win when I lose.

Ond cyn cael gwybod pwy sydd wedi ennill
y gystadleuaeth canu
mae Siân yn gorfod
mynd gatre.
Dyw Siân ddim eisiau
mynd gatre.
Dyw Rosie ddim eisiau i Siân
fynd gatre.
Mae'n rhaid i Siân
fynd gatre,
meddai mam Rosie yn gadarn
ond yn dyner.
Mae Siân yn ffarwelio â Rosie.
Mae mam Rosie'n mynnu cerdded gyda Siân i
Afallon.
Dyw Siân ddim yn meddwl fod angen i fam Rosie
wneud hyn.
Mae Siân wedi talu sylw i'r
Green Cross Code.
Mae Siân yn aelod o'r
Tufty Fluffytail Club.
Mae Siân yn meddwl fod y *Tufty Fluffytail Club*
yn fabïaidd iawn.
A beth bynnag, mae byngalo Rosie ar yr un ochor i'r
stryd ag Afallon.
Does dim angen *Stop! Look and Listen!*
Ond mae mam Rosie'n mynnu dod gyda hi.
Mae mam Rosie'n gafael yn llaw Siân yn dynn.

Mae mam Rosie'n cerdded gyda Siân at
Afallon.

Dyma gar yr heddlu y tu fas i
Afallon.
Dyma Siân yn mynd i mewn i
Afallon.
Mae hi'n dawel iawn yn
Afallon.
Mae cyfrol Crwys ar fwrdd y gegin
heb ei hagor.
Mae rhaff sgipio Siân ar fwrdd y gegin.
Mae tad Siân yn eistedd wrth fwrdd y gegin.
Mae plismones yn eistedd wrth fwrdd y gegin.
Mae'r blismones yn gafael yn sownd yn ei het.
Mae smotiau gwaed ar flaenau bysedd y blismones.
Mae gan y blismones broblem.
Mae Siân yn deall beth yw'r broblem.
Mae'r blismones yn cnoi ei hewinedd.
Mae'r blismones wedi cnoi ei hewinedd i'r byw.
Mae'n siŵr fod Mam wedi mynd i nôl yr
Asiffeta.
Pŵ pŵ y diafol yw Asiffeta.
Mae mam Siân yn rhoi Asiffeta ar flaenau bysedd Siân
weithiau
pan mae hi'n cnoi ei hewinedd.
Mae oglau chwys a *Shepherd's Pie* yr ysgol ar
Asiffeta.

Ych a fi!

Druan o'r blismones yn gorfod cael

Asiffeta ar ei hewinedd.

Mae Misus Gallagher yn eistedd wrth fwrdd y gegin.

Mae oglau llosgi ar wallt Misus Gallagher.

Mae gwallt Misus Gallagher wedi ei osod mewn
Heated Rollers.

Mae Misus Gallagher yn edrych fel rhywun o blaned
arall.

Dyw Siân ddim wedi gweld Misus Gallagher yn ei
Heated Rollers o'r blaen.

Dyw Siân ddim wedi gweld Misus Gallagher yn Afallon
o'r blaen.

Erioed!

Mae gweld Misus Gallagher yn eistedd wrth
fwrdd y gegin

yn fwy o sioc na gweld plismones yn eistedd wrth
fwrdd y gegin.

A yw Misus Gallagher wedi dwyn rhaff sgipio Siân?

Twt, twt!

Neu falle bod pawb yn ffrindiau.

Falle fod y ffens wedi dod i lawr.

Mae Mam yn hir iawn yn estyn yr
Asiffeta.

Ble mae Mam?

Nid yw mam Siân yno.

Ble mae Mam?

Mae Mam-gu Cenarth ar ei ffordd.

Mae mam Siân wedi mynd.
I ble?

Ble mae Mam?
Mae mam Siân wedi mynd…
wedi mynd at
Dduw.
Nid yw Siân yn hoffi Duw.
Mae'r rhaff sgipio'n neidr wenwynig ar
fwrdd y gegin.
Mae'r cyrtens wedi cau.
Mae'r drws wedi cau
ac mae cysgodion canghennau'r hen dderwen yn
amdo blêr
ar hyd ffens yr ardd.

Dyma Siân.

Dyma'r tŷ.

Dyma Siân

yn y tŷ.

Mae'r atgofion wedi eu gwau at ei gilydd cymaint
hyd nes i'r belen wlân
ddadfeilio'n rhaff sgipio'r tylwyth teg.

Mae'r gorffennol yn teimlo mor agos
heno.
Mae hiraeth yn gweld ei gyfle
yn y tywyllwch.
Mae Siân yn llefen.
Mae Siân yn llefen y glaw.

Mae Siân yn chwythu ei thrwyn.
Mae'r weithred yn un swnllyd
ac yn llusgo Siân yn ôl i fwrllwch
y presennol.
Yn ôl i dywyllwch ei stydi.
Daw sŵn arall o'r tu fas i'r tŷ.
O'r ochor arall i'r wal.
Y wal frics.
Babka sy'n cyfarth.
Wff wff.
Bow wow.

Mae tŷ Siân yn dywyll
a'r gannwyll ar fin llosgi i'r pen.
Mae tŷ Siân yn oer.
Mae traed Siân yn oer.
Mae traed Siân yn wlyb.
Dyna ryfedd.
Pam bod traed Siân yn wlyb?
Mae dŵr ar hyd y tŷ.
Mae Siân yn codi o'r ffenest
ac yn clywed ei thraed yn y dŵr,
Sblish, sblosh, sblish, sblosh.
Mae'r *curlaw mawr a'r gwynt*
wedi sleifio i mewn i'r tŷ
yn un ffrwd haerllug.
Dyna annibendod.
Dyna drueni.
Mae dau hanner cylch y glôb yn
arnofio ar wyneb y dŵr.
Ond nid oes Moses na Gareth bach
yn y ddau gwrwgl unig.
Mae darnau wal China'n
arnofio ar wyneb y dŵr.
Mae Siân yn canfod y welingtons ar wyneb y dŵr.
Mae hi'n rhoi ei thraed gwlyb yn y welingtons gwlyb.
Sblish, sblosh, sblish, sblosh.
Mae Siân yn agor drws y tŷ.
Mae mwy o ddŵr yn llifo o'r stryd
i mewn i'r tŷ.

Mae stryd Brynffynnon
o dan ddŵr.
Mae stad Rhyd y Nant, y tu ôl i stryd Brynffynnon,
o dan ddŵr.
Mae yna reswm dros enwau strydoedd y swbwrbia.
Ffynnon a Nant.
Mae yna reswm dros beidio adeiladu waliau ble mae
Ffynnon a Nant.
Dyma ddŵr.
Dŵr, dŵr a mwy o ddŵr
a'r dŵr yn codi ac yn llifo i mewn i'r tai.

Mae Babka'n cyfarth drws nesa.
Wff wff.
Bow, wow.
Mae gan Babka ofn y storm.

Mae Siân yn mentro mas i'r tywyllwch.
Mae Siân yn mentro mas i'r storm.
Mae Siân yn wlyb at ei chroen.
Mae Siân at ei fferau mewn dŵr.
Dŵr ymhobman.
Mae dŵr yn wlyb.
Mae dŵr yn oer.
Mae dŵr yn y tywyllwch yn beth diflas iawn.
Mae Babka'n cyfarth eto.
Wff wff
Bow wow.

Mae Siân yn galw arno,
Paid â phoeni Babka!
Mae Siân yn clywed Simon yn galw
Mae'r ardd o dan ddŵr!
Mae'r tŷ o dan ddŵr!
Mae Babka'n mynd i foddi!
Mae Simon wedi cynhyrfu'n lân.
Mae Babka wedi cynhyrfu'n lân.
Mae Siân yn dod i'r adwy,
er nad oes adwy go iawn yno mewn gwirionedd.
Dyna'r broblem.
Mae'r wal yn argae am y dŵr.
Wal frics.
Wal frics ble bu unwaith fedwen hardd.
Wal frics fawr.
Wal frics fawr hyll.
Wal frics fawr hyll yn graith rhwng dau gymydog.
Does dim lle i'r dŵr ddianc.
Waliau ymhobman.
Dŵr ymhobman.
Mae Simon yn garcharor yn ei ardd ei hun.
Mae Babka'n garcharor yn ei ardd ei hun.
Oherwydd y ffwcin wal.

Mae Siân yn rhydio'r dŵr.
Mae Siân yn mynd i'r cwt
ac yn estyn ystol.
Mae Siân yn gosod yr ystol yn erbyn y wal
ble bu'r fedwen arian hardd gynt
ac yn cofio eto, gyda hiraeth, am y dderwen.
Am ei mam.
Am ei thad.
Am Mam-gu Cenarth.
Am Rosie.
Mae Siân wedi penderfynu (pan giliu'r storm)
ei bod am ymchwilio i gofrestr plant
Nazareth House.
Bydd yn rhaid mynd yno,
er nad cartref plant amddifad yw
Nazareth House bellach.
Mae Nazareth House yn fflatiau moethus y tu ôl i
wal a iet fawr haearn.
Nazareth House *Gated Community*.
Dyma'r ffasiwn ddiweddaraf:
Gated Communities.
Er mwyn i'r cyfoethog beidio gorfod wynebu'r
tlawd.

Ni a nhw.

Mae Siân yn dringo'r ystol yn y tywyllwch.
Nid gweithred hawdd yw dringo ystol
yn y tywyllwch.
Nid gweithred hawdd yw dringo ystol
mewn welingtons gwlyb.
Ond mae Siân yn benderfynol
o achub ei chymdogion.
Dwi ar ben y wal, Simon!
Pasiwch Babka i mi!
meddai Siân.
Mae'n cymryd cryn berswâd i Babka
ymddiried yn Siân.
Ond does dim dewis.
Hynny neu foddi.
Mae Babka'n un bwndel crynedig
yn griddfan mewn braw.
Mae Siân yn gafael yn dynn amdano wrth gamu'n
ofalus o'r ystol.
Daw golau glas i ddisgleirio ar wyneb y dyfroedd.

Dyma injan dân.
Dyma injan dân arall.
Dyma gwch.
Dyma gwch arall.
Daw'r gwasanaethau brys liw nos
mewn cychod.
O un i un, ynghanol y dilyw,
mae'r cychod yn llenwi â ffoaduriaid cymdogaeth

Stryd Brynffynnon,
yn ddynion,
yn ferched,
yn gathod a chŵn.
Fel arch Noa.
Pob lliw a llun.
Pob cred ac anghred.

Dyma Siân, Simon a Babka.

Y tri yn yr un cwch
yn rhwyfo i'r un cyfeiriad
gan ddechrau codi pontydd
a dymchwel waliau.
Dyna newyddion da.
Dyna newyddion da iawn.

Dyma Siân.

Mae Siân wedi canfod y dechrau
ac ar fin cychwyn taith
i ganfod y
canol
a'r
diwedd.
I gau cylch y stori'n grwn.

Bydd gan Siân golomen wen o stori
i'w hysgrifennu fory gan dynnu'n drwm ar
luniau ddoe.
Clic, clic, clic
gan dynnu'n drwm ar
seiniau ddoe.
Clip clop.
Ding a ling!
Tw-whit, tw-hw!

Bydd gan Siân golomen wen o stori
i'w hysgrifennu fory gan dynnu'n drwm ar
straeon ddoe.
Stamp, stamp, stamp.
Bydd Siân yn hedfan mewn balŵn
a'i stori yn enfys o liw
a'r enfys yn bont rhwng
ni a nhw.

Mae Babka'n cyfarth ei lawenydd.
Wff wff wff!
Bow wow wow!

Y dechrau

£8.99

COFIWCH DRYWERYN

CYMRU'N DEFFRO
WALES AWAKENING

dwyieithog
bilingual

MARI EMLYN

£7.99

Y BWRDD
IWAN RHYS

y Lolfa

£8.99